I0380471

44 Recetas de Jugos Para Reducir el Asma:

Remedios Caseros Para Pacientes Asmáticos Que Quieren Alivio Rápido e Instantáneo

Por

Joe Correa CSN

DERECHOS DE AUTOR

© 2019 Live Stronger Faster Inc.

Todos los derechos reservados

La reproducción o traducción de cualquier parte de este trabajo, más allá de lo permitido por la sección 107 o 108 del Acta de Derechos de Autor de los Estados Unidos, sin permiso del dueño de los derechos es ilegal.

Esta publicación está diseñada para proveer información precisa y autoritaria respecto al tema en cuestión. Es vendido con el entendimiento de que ni el autor ni el editor están envueltos en brindar consejo médico. Si éste fuese necesario, consultar con un doctor. Este libro es considerado una guía y no debería ser utilizado en ninguna forma perjudicial para su salud. Consulte con un médico antes de iniciar este plan nutricional para asegurarse que sea correcto para usted.

RECONOCIMIENTOS

Este libro está dedicado a mis amigos y familiares que han tenido una leve o grave enfermedad, para que puedan encontrar una solución y hacer los cambios necesarios en su vida.

44 Recetas de Jugos Para Reducir el Asma:

Remedios Caseros Para Pacientes Asmáticos Que Quieren Alivio Rápido e Instantáneo

Por

Joe Correa CSN

CONTENIDOS

Derechos de Autor

Reconocimientos

Acerca Del Autor

Introducción

44 Recetas de Jugos Para Reducir el Asma: Remedios Caseros Para Pacientes Asmáticos Que Quieren Alivio Rápido e Instantáneo

Otros Títulos de Este Autor

ACERCA DEL AUTOR

Luego de años de investigación, honestamente creo en los efectos positivos que una nutrición apropiada puede tener en el cuerpo y la mente. Mi conocimiento y experiencia me han ayudado a vivir más saludablemente a lo largo de los años y los cuales he compartido con familia y amigos. Cuanto más sepa acerca de comer y beber saludable, más pronto querrá cambiar su vida y sus hábitos alimenticios.

La nutrición es una parte clave en el proceso de estar saludable y vivir más, así que empiece ahora. El primer paso es el más importante y el más significativo.

INTRODUCCIÓN

44 Recetas de Jugos Para Reducir el Asma: Remedios Caseros Para Pacientes Asmáticos Que Quieren Alivio Rápido e Instantáneo

Por Joe Correa CSN

El asma es una enfermedad pulmonar crónica en la que las vías respiratorias se estrechan y se hinchan, lo que dificulta la respiración y causa dificultad para respirar y tos. En algunos casos, el asma es una molestia menor, mientras que en otros puede ser un problema importante y una afección potencialmente mortal.

Los síntomas del asma varían de persona a persona y dependen de la condición en sí. Algunos signos comunes incluyen falta de aliento regular, dolor inexplicable en el pecho, problemas para dormir causados por la tos, sibilancias o falta de aliento, silbidos al exhalar.

La cura para el asma todavía no existe, pero los síntomas se pueden controlar con un tratamiento regular. Si nota alguno de los síntomas descritos, es extremadamente importante hacer una cita con su médico. Un tratamiento temprano del asma puede prevenir el daño pulmonar a largo plazo que esta enfermedad puede causar. Su médico lo ayudará a mantenerlo bajo control al monitorear la condición después de su diagnóstico.

En algunos casos, las personas a las que se les ha diagnosticado asma pueden experimentar un rápido empeoramiento de los síntomas sin mejoría incluso después de usar medicamentos. En tales casos, un tratamiento de emergencia puede salvar su vida.

Hay varios factores que pueden desencadenar los síntomas del asma y varían de persona a persona. Estos desencadenantes incluyen:

- Infecciones respiratorias
- Aire frío y contaminantes del aire como el humo.
- Diferentes medicamentos.
- Conservantes añadidos a alimentos y bebidas.
- Estrés y emociones fuertes.
- Polen, ácaros del polvo, esporas de moho y otras sustancias del aire
- Uso excesivo de cigarrillos o exposición al humo de segunda mano.

Evitar estos desencadenantes comunes reducirá significativamente el riesgo de asma. Además, hay ciertos tipos de alimentos que están probados para ayudar a prevenir y tratar a las personas diagnosticadas con asma. Los alimentos ricos en vitamina D, como la leche y los huevos, a menudo se recetan a pacientes que padecen asma. Además, las verduras ricas en betacaroteno como las zanahorias, los pimientos, la calabaza y las verduras de hoja verde han demostrado ser extremadamente beneficiosas para reducir el riesgo de asma. Además, algunos estudios sugieren que las personas con niveles bajos de magnesio tienen un volumen pulmonar bajo. Agregar alimentos ricos en magnesio a su dieta es una excelente manera de prevenir y tratar los ataques de asma.

Este libro contiene recetas de jugos para la prevención del asma basadas en estos alimentos en particular que lo ayudarán a reducir el riesgo de contraer asma en primer lugar. Los jugos de este libro son muy fáciles de hacer, saludables y, sobre todo, deliciosos.

44 RECETAS DE JUGOS PARA REDUCIR EL ASMA: REMEDIOS CASEROS PARA PACIENTES ASMÁTICOS QUE QUIEREN ALIVIO RÁPIDO E INSTANTÁNEO

1. Jugo de Brócoli y Coliflor

Ingredientes:

1 taza de brócoli, en trozos

1 taza de coliflor, en trozos

1 manzana Granny Smith pequeña, sin centro

1 taza de col rizada fresca, en trozos

¼ cucharadita jengibre, molido

Preparación:

Lavar y trozar el brócoli. Dejar a un lado.

Lavar la coliflor y recortar las hojas externas. Trozar y dejar a un lado.

Lavar la manzana y cortarla por la mitad. Remover el centro y trozar. Dejar a un lado.

Lavar la col rizada bajo agua fría y colar. Trozar y dejar a un lado.

Combinar el brócoli, coliflor, manzana y col rizada en una juguera, y pulsar. Transferir a un vaso y añadir el polvo de jengibre.

Refrigerar 10-15 minutos antes de servir.

Información nutricional por porción: Kcal: 131, Proteínas: 8.1g, Carbohidratos: 36.8g, Grasas: 1.5g

2.   Jugo de Manzana y Zanahoria

Ingredientes:

1 manzana Zester grande, sin centro

1 zanahoria mediana, en trozos

1 limón entero, sin piel

1 durazno grande, sin carozo

¼ cucharadita canela molida

2 onzas de agua

Preparación:

Lavar la manzana y cortarla por la mitad. Remover el centro y trozar. Dejar a un lado.

Lavar y pelar la zanahoria. Trozar y dejar a un lado.

Pelar y cortar el limón por la mitad. Dejar a un lado.

Lavar y cortar el durazno por la mitad. Remover el carozo y trozar. Dejar a un lado.

Combinar la manzana, zanahoria, limón y durazno en una juguera. Pulsar, transferir a un vaso y añadir el agua y canela.

Agregar algunos cubos de hielo y servir inmediatamente.

Información nutricional por porción: Kcal: 165, Proteínas: 3.6g, Carbohidratos: 50.7g, Grasas: 1.1g

3. Jugo de Naranja y Frambuesa

Ingredientes:

1 naranja grande, en gajos

1 taza de frambuesas

2 zanahorias grandes, sin piel y en trozos

¼ cucharadita jengibre, molido

1 cucharada de miel líquida

Preparación:

Pelar la naranja y dividirla en gajos. Dejar a un lado.

Lavar las frambuesas bajo agua fría y colar. Dejar a un lado.

Lavar las zanahorias y pelarlas. Trozar y dejar a un lado.

Combinar la naranja, frambuesas y zanahorias en una juguera, y pulsar. Transferir a un vaso y añadir el jengibre y miel.

Dejar enfriar en la nevera antes de servir.

Información nutricional por porción: Kcal: 204, Proteínas: 4.5g, Carbohidratos: 67.1g, Grasas: 1.3g

4. Jugo de Remolacha y Brócoli

Ingredientes:

1 remolacha entera, en trozos

1 taza de brócoli, en trozos

1 taza de repollo morado, en trozos

1 taza de Acelga, en trozos

1 taza de pepino, en rodajas

¼ cucharadita cúrcuma molida

Preparación:

Lavar la remolacha y recortar las partes verdes. Trozar y dejar a un lado.

Lavar el brócoli y recortar las capas externas. Trozar y dejar a un lado.

Combinar el repollo morado y acelga en un colador, y lavar bajo agua fría. Colar, trozar y dejar a un lado.

Lavar el pepino y cortar en rodajas finas. Rellenar un vaso medidor y reservar el resto. Dejar a un lado.

Combinar la remolacha, brócoli, repollo morado, acelga y pepino en una juguera, y pulsar.

Transferir a un vaso y añadir la cúrcuma. Refrigerar 10 minutos antes de servir.

Información nutricional por porción: Kcal: 79, Proteínas: 6.2g, Carbohidratos: 23.7g, Grasas: 0.8g

5. Jugo de Pepino y Agave

Ingredientes:

1 taza de pepino, en rodajas

1 cucharadita néctar de agave

1 taza de coliflor, en trozos

1 taza de col rizada fresca, en trozos

1 lima entera, sin piel

Preparación:

Lavar y cortar el pepino en rodajas. Rellenar un vaso medidor y reservar el resto. Dejar a un lado.

Lavar la col rizada bajo agua fría y colar. Trozar y dejar a un lado.

Pelar y cortar la lima por la mitad. Dejar a un lado.

Recortar la capa externa de la coliflor. Trozar y lavar. Rellenar un vaso medidor y rociar con sal. Dejar a un lado.

Combinar el pepino, col rizada, lima y coliflor en una juguera. Pulsar y transferir a un vaso. Añadir el néctar de agave.

Refrigerar antes de servir.

Información nutricional por porción: Kcal: 107, Proteínas: 11.4g, Carbohidratos: 30.4g, Grasas: 1.8g

6.   Jugo de Limón y Manzana

Ingredientes:

1 limón entero, sin piel

1 manzana Zester mediana, sin centro

1 taza de frambuesas

1 taza de menta fresca, en trozos

1 taza de arándanos agrios

¼ cucharadita canela molida

Preparación:

Pelar y cortar el limón por la mitad. Dejar a un lado.

Lavar la manzana y cortarla por la mitad. Remover el centro y trozar.

Combinar las frambuesas y arándanos agrios en un colador grande. Lavar bajo agua fría y colar. Dejar a un lado.

Lavar y trozar la menta. Dejar a un lado.

Combinar el limón, manzana, frambuesas, menta y arándanos agrios en una juguera, y pulsar. Transferir a un vaso y añadir la canela. Agregar hielo antes de servir.

Información nutricional por porción: Kcal: 143, Proteínas: 3.8g, Carbohidratos: 53.5g, Grasas: 1.5g

7.   Jugo de Palta y Limón

Ingredientes:

1 taza de palta, en cubos

1 limón entero, sin piel

2 ciruelas enteras, en trozos

1 manzana Granny Smith mediana, sin centro

¼ cucharadita canela molida

1 cucharada de agua de coco

Preparación:

Pelar la palta y cortarla por la mitad. Remover el carozo y cortar en cubos. Rellenar un vaso medidor y dejar a un lado.

Pelar y cortar el limón por la mitad. Dejar a un lado.

Lavar y cortar las ciruelas por la mitad. Remover los carozos y trozar. Dejar a un lado.

Lavar y cortar la manzana por la mitad. Remover el carozo y trozar. Dejar a un lado.

Combinar la palta, limón, ciruelas y manzana en una juguera, y pulsar. Transferir a un vaso y añadir la canela y agua de coco.

Refrigerar 15 minutos antes de servir.

Información nutricional por porción: Kcal: 341, Proteínas: 5.3g, Carbohidratos: 56.1g, Grasas: 22.8g

8. Jugo de Limón y Frutilla

Ingredientes:

1 pera mediana, en trozos

1 taza de arándanos

1 limón entero, sin piel

½ taza de frutillas, en rodajas

1 nudo de jengibre pequeño, sin piel

1 onza de agua

Preparación:

Pelar y cortar el limón por la mitad. Dejar a un lado.

Lavar las frutillas y remover las partes verdes. Trozar y rellenar un vaso medidor. Dejar a un lado.

Lavar y cortar la pera por la mitad. Remover el centro y trozar. Dejar a un lado.

Lavar los arándanos y rellenar un vaso medidor. Dejar a un lado.

Pelar el nudo de jengibre y dejarlo a un lado.

Combinar el limón, frutillas, pera, arándanos y jengibre en una juguera, y pulsar. Transferir a un vaso y añadir el agua.

Servir inmediatamente.

Información nutricional por porción: Kcal: 143, Proteínas: 2.4g, Carbohidratos: 52.7g, Grasas: 0.8g

9. Jugo de Canela y Sandía

Ingredientes:

¼ cucharadita canela molida

1 gajo de sandía mediano

1 banana grande, sin piel

1 lima entera, sin piel

1 manzana Granny Smith pequeña, sin centro

Preparación:

Cortar un gajo de sandía grande y pelarlo. Remover las semillas y trozar. Reservar el resto en la nevera.

Pelar y trozar la banana. Dejar a un lado.

Pelar y cortar la lima por la mitad. Dejar a un lado.

Lavar la manzana y cortarla por la mitad. Remover el centro y trozar. Dejar a un lado.

Combinar la sandía, lima, banana y manzana en una juguera, y pulsar. Transferir a un vaso y añadir la canela.

Refrigerar 10 minutos antes de servir.

Información nutricional por porción: Kcal: 226, Proteínas: 4.6g, Carbohidratos: 29.4g, Grasas: 1.2g

10. Jugo de Limón y Alcachofa

Ingredientes:

1 limón entero, sin piel

1 alcachofa mediana, en trozos

1 naranja sangre grande, sin piel

1 lima entera, sin piel

1 cucharada de miel líquida

1 onza de agua

Preparación:

Pelar el limón y lima. Cortar cada fruta por la mitad y dejar a un lado.

Recortar las capas externas de la alcachofa. Trozar y dejar a un lado.

Pelar y dividir la naranja en gajos. Cortar cada gajo por la mitad y dejar a un lado.

Combinar el limón, alcachofa, naranja y lima en una juguera. Pulsar, transferir a un vaso y añadir la miel y agua.

Refrigerar 10 minutos antes de servir.

Información nutricional por porción: Kcal: 149, Proteínas: 5.9g, Carbohidratos: 33.8g, Grasas: 0.5g

11. Jugo de Manzana y Vainilla

Ingredientes:

1 manzana roja deliciosa pequeña, sin centro

¼ cucharadita extracto de vainilla

1 taza de arándanos

1 pomelo entero, sin piel

1 taza de palta, en cubos

Preparación:

Lavar la manzana y cortarla por la mitad. Remover el centro y trozar. Dejar a un lado.

Poner los arándanos en un colador. Lavar bajo agua fría y colar. Dejar a un lado.

Pelar y dividir el pomelo en gajos. Cortar cada gajo por la mitad y dejar a un lado.

Pelar la palta y cortarla por la mitad. Remover el carozo y cortar en cubos. Rellenar un vaso medidor y reservar el resto en la nevera.

Combinar la manzana, arándanos, pomelo y palta en una

juguera, y pulsar. Transferir a un vaso y añadir el extracto de vainilla. Refrigerar 10 minutos antes de servir.

Información nutricional por porción: Kcal: 436, Proteínas: 6.4g, Carbohidratos: 69.5g, Grasas: 23.2g

12. Jugo de Banana y Ananá

Ingredientes:

1 banana grande, en trozos

1 taza de ananá, en trozos

1 taza de frutillas, en trozos

1 limón entero, sin piel

1 cucharada de menta fresca, picada

Preparación:

Pelar y trozar la banana. Dejar a un lado.

Cortar la parte superior del ananá. Remover la piel y cortar en rodajas finas. Rellenar un vaso medidor y reservar el resto.

Lavar las frutillas y remover las hojas. Trozar y rellenar un vaso medidor. Reservar el resto en la nevera.

Pelar y cortar el limón por la mitad. Dejar a un lado.

Combinar la banana, ananá, frutillas y limón en una juguera. Pulsar y transferir a un vaso. Añadir la menta.

Agregar algunos cubos de hielo y servir inmediatamente.

Información nutricional por porción: Kcal: 224, Proteínas: 4.1g, Carbohidratos: 69.4g, Grasas: 1.3g

13. Jugo de Arándanos y Coco

Ingredientes:

2 tazas de arándanos

2 onzas de agua de coco

1 gajo grande de melón dulce, en trozos

1 manzana Zester mediana, sin centro

1 cucharada de menta, picada

Preparación:

Poner los arándanos en un colador y lavar bajo agua fría. Colar y dejar a un lado.

Cortar el melón por la mitad. Remover las semillas y lavar. Cortar un gajo grande y pelarlo. Cortar en cubos pequeños y dejar a un lado.

Lavar la manzana y cortarla por la mitad. Remover el centro y trozar. Dejar a un lado.

Combinar los arándanos, melón y manzana en una juguera, y pulsar.

Transferir a un vaso y añadir el agua de coco y menta.

Agregar hielo picado y servir inmediatamente.

Información nutricional por porción: Kcal: 283, Proteínas: 3.7g, Carbohidratos: 85.1g, Grasas: 1.5g

14.   Jugo de Lima y Coliflor

Ingredientes:

1 lima grande, sin piel

1 taza de coliflor, en trozos

3 puerros grandes, en trozos

1 calabacín grande, en trozos

2 onzas de agua

Preparación:

Pelar y cortar la lima por la mitad. Dejar a un lado.

Recortar las hojas externas de la coliflor. Lavar y trozar. Dejar a un lado.

Lavar y trozar los puerros. Dejar a un lado.

Pelar y cortar el calabacín por la mitad. Remover las semillas y trozar. Dejar a un lado.

Combinar la lima, coliflor, puerros y calabacín en una juguera. Pulsar y añadir el agua. Refrigerar 10 minutos antes de servir.

Información nutricional por porción: Kcal: 241, Proteínas: 13.2g, Carbohidratos: 64.7g, Grasas: 2.6g

15. Jugo de Manzana y Frutilla

Ingredientes:

1 manzana Roja deliciosa grande, sin centro

1 taza de frutillas, en trozos

2 duraznos grandes, sin carozo

1 limón grande, sin piel

1 kiwi grande, sin piel

1 naranja grande, sin piel

2 onzas de agua

Preparación:

Lavar y cortar la manzana por la mitad. Remover el centro y trozar. Dejar a un lado.

Lavar las frutillas bajo agua fría. Remover las hojas y trozar. Dejar a un lado.

Lavar los duraznos y cortarlos por la mitad. Remover los carozos y trozar. Dejar a un lado.

Pelar el limón y kiwi. Cortarlos por la mitad y dejar a un

lado.

Pelar la naranja y dividirla en gajos. Dejar a un lado.

Combinar la manzana, frutillas, duraznos, limón, kiwi y naranja en una juguera, y pulsar. Transferir a un vaso y añadir el agua. Agregar hielo antes de servir.

Información nutricional por porción: Kcal: 345, Proteínas: 7.8g, Carbohidratos: 105g, Grasas: 2.3g

16. Jugo de Zanahoria y Berro

Ingredientes:

2 zanahorias grandes, en rodajas

1 taza de berro, en trozos

1 taza de ananá, en trozos

1 lima grande, sin piel

1 nudo de jengibre pequeño, sin piel

2 onzas de agua

Preparación:

Lavar y pelar las zanahorias. Cortar en rodajas finas y dejar a un lado.

Lavar le berro bajo agua fría. Trozar y dejar a un lado.

Pelar y trozar el ananá. Dejar a un lado.

Pelar y cortar la lima por la mitad. Dejar a un lado.

Pelar la raíz de jengibre y trozarla. Dejar a un lado.

Combinar las zanahorias, berro, ananá, limón y jengibre en una juguera y pulsar.

Transferir a un vaso y añadir el agua.

Agregar hielo y servir.

Información nutricional por porción: Kcal: 135, Proteínas: 3.3g, Carbohidratos: 40.6g, Grasas: 3.3g

17. Jugo de Granada y Naranja

Ingredientes:

1 taza de semillas de granada

2 naranjas grandes, sin piel

2 damascos grandes, sin carozo

1 taza de uvas verdes

1 limón grande, sin piel

1 rodaja de jengibre pequeña, sin piel

Preparación:

Cortar la parte superior de la granada y deslizar hacia las membranas blancas. Remover las semillas a un vaso medidor y dejar a un lado.

Pelar y dividir las naranjas en gajos. Dejar a un lado.

Lavar los damascos y cortarlos por la mitad. Remover los carozos y trozar. Dejar a un lado.

Lavar las uvas y rellenar un vaso medidor. Reservar el resto en la nevera.

Pelar y cortar el limón por la mitad. Dejar a un lado.

Pelar la rodaja de jengibre y dejar a un lado.

Combinar la granada, naranjas, uvas, damascos, limón y jengibre en una juguera. Pulsar y transferir a un vaso. Refrigerar 10 minutos antes de servir.

Información nutricional por porción: Kcal: 294, Proteínas: 7.2g, Carbohidratos: 88.9g, Grasas: 2.3g

18. Jugo de Menta y Papaya

Ingredientes:

1 cucharada de menta fresca, en trozos

1 papaya grande, sin piel y en trozos

1 manzana Roja deliciosa grande, sin centro

1 taza de semillas de granada

2 onzas de agua

Preparación:

Pelar la papaya y cortarla por la mitad. Remover las semillas y pulpa. Trozar y dejar a un lado.

Lavar y cortar la manzana por la mitad. Remover el centro y trozar. Dejar a un lado.

Cortar la parte superior de la granada y deslizar hacia las membranas blancas. Remover las semillas a un vaso medidor y dejar a un lado.

Combinar la menta, papaya, manzana y granada en una juguera. Pulsar y transferir a un vaso. Añadir el agua y refrigerar antes de servir.

Información nutricional por porción: Kcal: 438, Proteínas: 6.1g, Carbohidratos: 129g, Grasas: 3.4g

19.   Jugo de Remolacha y Menta

Ingredientes:

1 taza de remolacha, en trozos

1 taza de menta fresca, en trozos

2 tazas de frambuesas

1 manzana Roja deliciosa grande, sin centro

1 limón grande, sin piel

3 onzas de agua

Preparación:

Lavar la remolacha y recortar las puntas. Trozar y rellenar un vaso medidor. Reservar el resto para otro jugo.

Lavar las frambuesas bajo agua fría. Colar y dejar a un lado.

Lavar la manzana y cortarla por la mitad. Remover el centro y trozar. Dejar a un lado.

Lavar la menta bajo agua fría y trozar. Dejar a un lado.

Pelar y cortar el limón por la mitad. Dejar a un lado.

Combinar la remolacha, menta, frambuesas, manzana y

limón en una juguera. Pulsar, añadir el agua y refrigerar 15 minutos antes de servir.

Información nutricional por porción: Kcal: 218, Proteínas: 7.5g, Carbohidratos: 76.4g, Grasas: 2.5g

20. Jugo de Calabaza y Acelga

Ingredientes:

2 tazas de calabaza, en cubos

1 taza de Acelga, en trozos

1 manzana Granny Smith grande, sin centro

¼ cucharadita canela molida

1 pepino grande, en rodajas

2 onzas de agua

Preparación:

Pelar la calabaza y cortarla por la mitad. Remover las semillas, cortar un gajo grande y pelarlo. Cortar en cubos y rellenar un vaso medidor. Reservar el resto para otro jugo.

Lavar la acelga bajo agua fría. Colar y trozar. Dejar a un lado.

Lavar la manzana y cortarla por la mitad. Remover el centro y trozar. Dejar a un lado.

Lavar el pepino y cortarlo en rodajas. Dejar a un lado.

Combinar la calabaza, acelga, manzana y pepino en una juguera. Pulsar y añadir el agua y nuez moscada.

Refrigerar 10 minutos antes de servir.

Información nutricional por porción: Kcal: 196, Proteínas: 5.8g, Carbohidratos: 55.4g, Grasas: 1.1g

21.   Jugo de Sandía y Menta

Ingredientes:

1 taza de sandía, en cubos

1 taza de menta fresca, en trozos

2 tazas de arándanos

1 lima entera, sin piel

¼ cucharadita pimienta cayena, molida

1 onza de agua

Preparación:

Cortar un gajo grande de sandía. Pelarlo y cortarlo en cubos. Remover las semillas y dejar a un lado.

Lavar la menta y trozarla. Dejar a un lado.

Poner los arándanos en un colador grande. Lavar bajo agua fría y dejar a un lado.

Pelar y cortar la lima por la mitad. Dejar a un lado.

Combinar la sandía, menta, arándanos y manzana en una juguera. Pulsar, transferir a un vaso y añadir la pimienta cayena y agua.

Refrigerar 5 minutos antes de servir.

Información nutricional por porción: Kcal: 198, Proteínas: 4.1g, Carbohidratos: 58.7g, Grasas: 1.4g

22. Jugo de Cereza y Limón

Ingredientes:

1 taza de cerezas, sin carozo

1 limón entero, sin piel

1 taza de ananá, en trozos

1 taza de espinaca, en trozos

¼ cucharadita canela molida

1 onza de agua

Preparación:

Lavar las cerezas bajo agua fría y remover las ramas. Cortarlas por la mitad y remover los carozos. Rellenar un vaso medidor y reservar el resto en la nevera.

Pelar y cortar el limón por la mitad. Dejar a un lado.

Cortar la parte superior del ananá. Remover la piel y cortarlo en rodajas. Rellenar un vaso medidor y reservar el resto.

Lavar la espinaca bajo agua fría. Colar y trozar. Dejar a un lado.

Combinar las cerezas, limón, ananá y espinaca en una juguera, y pulsar. Transferir a un vaso y añadir el agua.

Agregar hielo picado y servir inmediatamente.

Información nutricional por porción: Kcal: 196, Proteínas: 9.2g, Carbohidratos: 59.3g, Grasas: 1.5g

23.   Jugo de Damasco y Miel

Ingredientes:

1 taza de damascos, sin carozo y por la mitad

1 cucharada de miel líquida

1 pera pequeña, en trozos

1 limón entero, sin piel y por la mitad

1 manzana Granny Smith pequeña, sin centro

1 taza de menta fresca, en trozos

Preparación:

Lavar los damascos y cortarlos por la mitad. Remover los carozos y rellenar un vaso medidor. Reservar el resto en la nevera.

Lavar y cortar la pera por la mitad. Remover el centro y trozar. Dejar a un lado.

Pelar y cortar el limón por la mitad. Dejar a un lado.

Lavar y cortar la manzana por la mitad. Remover el centro y trozar. Dejar a un lado.

Lavar la menta bajo agua fría. Colar y trozar. Dejar a un lado.

Combinar los damascos, manzana, pera, limón y menta en una juguera, y pulsar. Transferir a un vaso y añadir hielo antes de servir.

Información nutricional por porción: Kcal: 217, Proteínas: 4.9g, Carbohidratos: 68.5g, Grasas: 1.5g

24. Jugo de Apio y Jengibre

Ingredientes:

1 taza de apio, en trozos

1 kiwi entero, sin piel

1 manzana dorada deliciosa mediana, sin centro

1 naranja mediana, sin piel

1 cucharada de miel líquida

¼ cucharadita jengibre, molido

Preparación:

Lavar el apio y trozarlo. Rellenar un vaso medidor y reservar el resto. Dejar a un lado.

Pelar y cortar el kiwi por la mitad. Dejar a un lado.

Lavar la manzana y cortarla por la mitad. Remover el centro y trozar. Dejar a un lado.

Pelar y dividir la naranja en gajos. Cortar cada gajo por la mitad y dejar a un lado.

Combinar el kiwi, manzana, apio y naranja en una juguera,

y pulsar. Transferir a un vaso y añadir la miel y jengibre.

Refrigerar 15 minutos antes de servir.

Información nutricional por porción: Kcal: 172, Proteínas: 3.5g, Carbohidratos: 51.2g, Grasas: 1.1g

25. Jugo de Naranja y Damasco

Ingredientes:

1 damasco grande, sin carozo

1 naranja grande, en gajos

1 taza de semillas de granada

1 limón grande, sin piel

1 zanahoria grande, en rodajas

2 onzas de agua de coco

Preparación:

Lavar el damasco y cortarlo por la mitad. Remover el carozo y trozar. Dejar a un lado.

Pelar la naranja y dividirla en gajos. Dejar a un lado.

Cortar la parte superior de la granada y deslizar hacia las membranas blancas. Remover las semillas a un vaso medidor y dejar a un lado.

Pelar y cortar el limón por la mitad. Dejar a un lado.

Pelar y lavar la zanahoria. Cortar en rodajas finas y dejar a un lado.

Combinar el damasco, naranja, semillas de granada, limón y zanahoria en una juguera. Pulsar y transferir a un vaso. Añadir el agua de coco y agregar algunos cubos de hielo antes de servir.

Información nutricional por porción: Kcal: 241, Proteínas: 7.3g, Carbohidratos: 73.9g, Grasas: 2.3g

26. Jugo de Naranja y Ananá

Ingredientes:

1 naranja grande, sin piel

1 taza de ananá, en trozos

1 pomelo entero, sin piel

1 taza de coliflor, en trozos

¼ taza de agua de coco pura, sin endulzar

Preparación:

Pelar la naranja y pomelo, y dividirlos en gajos. Dejar a un lado.

Cortar la parte superior del ananá y pelarlo. Trozar y reservar el resto en la nevera.

Recortar las hojas externas de la coliflor. Lavar y trozar. Reservar el resto en la nevera.

Combinar la naranja, ananá, pomelo y coliflor en una juguera, y pulsar. Transferir a un vaso y añadir el agua de coco pura.

Agregar algunos cubos de hielo y servir inmediatamente.

Información nutricional por porción: Kcal: 247, Proteínas: 6.5g, Carbohidratos: 74g, Grasas: 1g

27. Jugo de Cantalupo y Naranja

Ingredientes:

1 taza de cantalupo, en trozos

1 naranja grande, sin piel

1 taza de moras

1 taza de menta fresca, en trozos

¼ cucharadita canela molida

Preparación:

Cortar el cantalupo por la mitad. Remover las semillas y cortar un gajo grande. Pelarlo y trozarlo. Rellenar un vaso medidor y reservar el resto en la nevera.

Pelar y dividir la naranja en gajos. Cortar cada gajo por la mitad y dejar a un lado.

Poner las moras en un colador y lavar. Colar y dejar a un lado.

Lavar la menta bajo agua fría y colar. Trozar y dejar a un lado.

Combinar el cantalupo, naranjas, moras y menta en una

juguera, y pulsar. Transferir a un vaso y añadir la canela. Puede añadir agua para incrementar la cantidad de jugo.

Servir inmediatamente.

Información nutricional por porción: Kcal: 157, Proteínas: 5.9g, Carbohidratos: 51.9g, Grasas: 1.5g

28. Jugo de Pepino Y Apio

Ingredientes:

1 pepino mediano, en trozos

1 manzana dorada deliciosa pequeña, sin centro

1 gajo grande de melón dulce, en trozos

1 taza de menta fresca, en trozos

1 onza de agua de coco

Preparación:

Lavar el pepino y cortarlo en rodajas. Dejar a un lado.

Lavar la manzana y cortarla por la mitad. Remover el centro y trozar. Dejar a un lado.

Cortar el melón por la mitad. Cortar un gajo grande y pelarlo. Trozar y dejar a un lado. Reservar el resto en la nevera.

Poner la menta en un colador y lavar bajo agua fría. Colar y trozar. Dejar a un lado.

Combinar el pepino, manzana, melón y menta en una juguera y pulsar.

Transferir a un vaso y añadir el agua. Puede añadir una cucharada de jugo de limón. Refrigerar 10 minutos antes de servir.

Información nutricional por porción: Kcal: 139, Proteínas: 4.1g, Carbohidratos: 40.5g, Grasas: 0.9g

29.   Jugo de Sandía y Apio

Ingredientes:

1 rodaja de sandía mediana

1 taza de apio, en trozos

2 tazas de cerezas, sin carozo

1 nudo de jengibre pequeño, sin piel

1 onza de agua

Preparación:

Cortar la sandía por la mitad y remover un gajo mediano. Cortar el gajo en cubos y remover las semillas. Dejar a un lado.

Lavar el apio y trozarlo. Rellenar un vaso medidor y reservar el resto. Dejar a un lado.

Lavar las cerezas bajo agua fría. Colar y cortar por la mitad. Remover los carozos y dejar a un lado.

Pelar el nudo de jengibre y trozarlo. Dejar a un lado.

Combinar la sandía, apio, cerezas y jengibre en una juguera, y pulsar. Transferir a un vaso y añadir el agua.

Puede usar agua de coco si lo desea.

Servir inmediatamente.

Información nutricional por porción: Kcal: 143, Proteínas: 3.4g, Carbohidratos: 40.2g, Grasas: 0.7g

30. Jugo de Manzana y Zanahoria

Ingredientes:

3 zanahorias medianas, en rodajas

1 taza de chirivías, en rodajas

2 manzanas Gala grandes, sin piel y sin centro

¼ taza de agua

1 cucharada de jugo de limón fresco

Preparación:

Lavar las zanahorias y chirivías y cortar en rodajas gruesas. Dejar a un lado.

Lavar y remover el centro de las manzanas. Trozar y dejar a un lado.

Combinar las manzanas, zanahorias y chirivías en una juguera, y pulsar.

Transferir a un vaso y añadir el agua y jugo de limón. Decorar con menta y refrigerar antes de servir.

Información nutricional por porción: Kcal: 332, Proteínas: 5.4g, Carbohidratos: 100g, Grasas: 1.6g

31. Jugo de Repollo y Pomelo

Ingredientes:

2 kiwis enteros, sin piel

1 taza de zanahorias, en trozos

2 tazas de repollo verde, rallado

1 pomelo entero, sin piel

1 cucharada de miel cruda

Preparación:

Lavar el repollo y trozarlo. Dejar a un lado.

Lavar y trozar el pomelo. Dejar a un lado.

Lavar las zanahorias y trozarlas. Dejar a un lado.

Pelar y cortar los kiwis por la mitad. Dejar a un lado.

Combinar el repollo, pomelo, zanahorias y kiwis en una juguera. Transferir a un vaso y añadir la miel.

Servir inmediatamente.

Información nutricional por porción: Kcal: 219, Proteínas: 6.9g, Carbohidratos: 69g, Grasas: 1.5g

32. Jugo de Cantalupo y Col Rizada

Ingredientes:

1 taza de cantalupo, en cubos

1 taza de col rizada fresca, en trozos

1 manzana roja deliciosa pequeña, sin centro

1 taza de remolacha, en rodajas

¼ cucharadita jengibre, molido

Preparación:

Cortar el cantalupo por la mitad. Remover las semillas y cortar un gajo grande. Pelarlo y trozarlo. Rellenar un vaso medidor y reservar el resto en la nevera.

Lavar la col rizada bajo agua fría. Colar y trozar. Dejar a un lado.

Lavar la manzana y cortarla por la mitad. Remover el centro y trozar. Dejar a un lado.

Lavar la remolacha y recortar las puntas. Cortar en rodajas finas y rellenar un vaso medidor. Reservar el resto.

Combinar el cantalupo, col rizada, manzana y remolacha en

una juguera, y pulsar. Transferir a un vaso y añadir el jengibre.

Agregar hielo y servir inmediatamente.

Información nutricional por porción: Kcal: 181, Proteínas: 7g, Carbohidratos: 51.1g, Grasas: 1.4g

33. Jugo de Zanahoria y Manzana

Ingredientes:

1 taza de mango, en trozos

1 naranja mediana, en gajos

1 zanahoria grande, en rodajas

1 manzana Granny Smith pequeña, sin centro y en trozos

1 onza de agua de coco

Preparación:

Pelar y trozar el mango. Rellenar un vaso medidor y reservar el resto.

Pelar la naranja y dividirla en gajos. Dejar a un lado.

Lavar y pelar la zanahoria. Trozar y dejar a un lado.

Lavar la manzana y cortarla por la mitad. Remover el centro y trozar. Dejar a un lado.

Combinar el mango, naranja, zanahoria y manzana en una juguera, y pulsar. Transferir a un vaso y añadir el agua de coco.

Servir inmediatamente.

Información nutricional por porción: Kcal: 189, Proteínas: 2.6g, Carbohidratos: 56.4g, Grasas:1.1g

34. Jugo de Lima y Limón

Ingredientes:

1 lima grande, sin piel

2 gajo grande de melón dulces

1 taza de palta, sin piel y sin carozo

5 cucharadas de menta fresca

1 rodaja de ananá mediana, en trozos

Preparación:

Pelar y cortar la lima por la mitad. Dejar a un lado.

Cortar el melón por la mitad. Remover las semillas, cortar gajos grandes y pelarlos. Trozar y poner en un tazón. Reservar el resto en la nevera.

Pelar la palta y cortarla por la mitad. Remover el carozo y trozar. Añadir al tazón con el melón y dejar a un lado.

Lavar las hojas de menta y remojar en agua por 5 minutos.

Procesar la lima, limón, palta, menta y ananá en una juguera. Transferir a un vaso y servir inmediatamente.

Información nutricional por porción: Kcal: 321, Proteínas: 5.2g, Carbohidratos: 46.8g, Grasas: 22.6g

35. Jugo de Granada y Col Rizada

Ingredientes:

½ taza de semillas de granada

½ taza de col rizada fresca, en trozos

1 cucharadita jengibre fresco, rallado

1 manzana Granny Smith grande, sin centro

1 cucharada de néctar de agave

Preparación:

Cortar la parte superior de la granada y deslizar hacia las membranas blancas. Remover las semillas a un tazón mediano.

Lavar la col rizada. Colar y trozar. Dejar a un lado.

Pelar y rallar el jengibre. Rellenar una cucharadita y refrigerar el resto.

Lavar la manzana y remover el centro. Trozar y dejar a un lado.

Procesar la semilla de granada, col rizada y manzana en una juguera, y pulsar.

Transferir a un vaso y añadir el jengibre. Agregar agua para ajustar el espesor y añadir el néctar de agave.

Servir inmediatamente.

Información nutricional por porción: Kcal: 194, Proteínas: 6.2g, Carbohidratos: 54.2g, Grasas: 2.4g

36. Jugo de Espinaca y Palta

Ingredientes:

1 taza de espinaca fresca, en trozos

1 taza de palta, en cubos

1 taza de alcachofa, en trozos

1 taza de repollo verde, en trozos

¼ cucharadita polvo de jengibre

Preparación:

Combinar la espinaca y repollo en un colador grande. Lavar bajo agua fría. Colar y trozar. Dejar a un lado.

Pelar la palta y cortarla por la mitad. Remover el carozo y cortar en cubos. Rellenar un vaso medidor y reservar el resto en la nevera.

Recortar las capas externas de la alcachofa. Trozar y rellenar un vaso medidor. Reservar el resto en la nevera.

Combinar la espinaca, palta, alcachofa y repollo en una juguera, y pulsar. Transferir a un vaso y añadir el polvo de jengibre.

Refrigerar 15 minutos antes de servir.

Información nutricional por porción: Kcal: 282, Proteínas: 15.4g, Carbohidratos: 42.6g, Grasas: 23.2g

37. Jugo de Cantalupo y Menta

Ingredientes:

1 taza de cantalupo, en trozos

1 taza de menta fresca, en trozos

1 ciruela entera, en trozos

1 naranja grande, sin piel

¼ cucharadita jengibre, molido

Preparación:

Cortar le cantalupo por la mitad. Remover las semillas y pulpa. Cortar y pelar un gajo grande. Trozar y rellenar un vaso medidor. Reservar el resto en la nevera.

Lavar la menta bajo agua fría. Trozar y dejar a un lado.

Pelar y dividir la naranja en gajos. Cortar cada gajo por la mitad y dejar a un lado.

Lavar la ciruela y cortarla por la mitad. Remover el carozo y trozar. Dejar a un lado.

Combinar el cantalupo, menta, ciruela y naranja en una juguera, y pulsar. Transferir a un vaso y añadir el jengibre.

Servir inmediatamente.

Información nutricional por porción: Kcal: 151, Proteínas: 4.4g, Carbohidratos: 45.6g, Grasas: 0.9g

38. Jugo de Granada y Ciruela

Ingredientes:

1 taza de semillas de granada

3 ciruelas enteras, sin carozo y en trozos

1 taza de calabaza amarilla, en cubos

1 naranja mediana, sin piel

¼ cucharadita jengibre, molido

1 onza de agua

Preparación:

Cortar la parte superior de la granada y deslizar hacia las membranas blancas. Remover las semillas a un vaso medidor y dejar a un lado.

Lavar y cortar las ciruelas por la mitad. Remover los carozos y trozar. Dejar a un lado.

Cortar la parte superior de la calabaza. Cortarla por la mitad y remover las semillas. Remover un gajo grande y pelarlo. Cortar en cubos y rellenar un vaso medidor. Reservar el resto en la nevera.

Pelar y dividir la naranja en gajos. Cortar cada gajo por la mitad y dejar a un lado.

Combinar la granada, ciruelas, calabaza y naranja en una juguera, y pulsar. Transferir a un vaso y añadir el jengibre y agua.

Refrigerar 15 minutos antes de servir.

Información nutricional por porción: Kcal: 214, Proteínas: 5.2g, Carbohidratos: 61.8g, Grasas: 1.8g

39. Jugo de Frutilla y Pomelo

Ingredientes:

2 frutillas grandes, en trozos

2 pomelos grandes, sin piel

1 manzana Roja deliciosa grande, sin centro

1 nudo de jengibre pequeño, sin piel

2 onzas de agua de coco

Preparación:

Lavar y trozar las frutillas. Dejar a un lado.

Pelar y dividir los pomelos en gajos. Dejar a un lado.

Lavar la manzana y cortarla por la mitad. Remover el centro y trozar. Dejar a un lado.

Pelar el nudo de jengibre y dejarlo a un lado.

Combinar las frutillas, pomelos, manzana y jengibre en una juguera. Pulsar y transferir a un vaso. Añadir el agua de coco y refrigerar 15 minutos, o añadir hielo antes de servir.

Información nutricional por porción: Kcal: 302, Proteínas: 4.8g, Carbohidratos: 86.3g, Grasas: 1.7g

40. Jugo de Lima y Calabacín

Ingredientes:

1 lima grande, sin piel

1 calabacín grande, sin semillas

3 kiwis grandes, sin piel

1 taza de semillas de granada

1 naranja grande, sin piel

Preparación:

Pelar la lima y kiwi. Cortarlos por la mitad y dejar a un lado.

Lavar y cortar el calabacín por la mitad. Remover las semillas, trozar y dejar a un lado.

Cortar la parte superior de la granada y deslizar hacia las membranas blancas. Remover las semillas a un vaso medidor y dejar a un lado.

Pelar la naranja y dividirla en gajos. Dejar a un lado.

Procesar la lima, calabacín, kiwi, semillas de granada y naranja en una juguera.

Transferir a un vaso y añadir hielo antes de servir.

Información nutricional por porción: Kcal: 183, Proteínas: 8.5g, Carbohidratos: 52.6g, Grasas: 1.6g

41. Jugo de Guayaba y Pepino

Ingredientes:

1 taza de guayaba, en trozos

1 pepino grande, en rodajas

1 taza de ananá, en trozos

2 limas grandes, sin piel

1 cucharada de menta fresca, en trozos

2 onzas de agua

Preparación:

Lavar y trozar la guayaba. Rellenar un vaso medidor y reservar el resto para otra receta.

Lavar el pepino y cortarlo en rodajas. Dejar a un lado.

Cortar la parte superior del ananá y pelarlo. Trozar y rellenar un vaso medidor. Reservar el resto en la nevera.

Pelar y cortar las limas por la mitad. Dejar a un lado.

Combinar la guayaba, pepino, ananá, limas y menta en una juguera. Pulsar y transferir a un vaso. Añadir el agua y

refrigerar 15 minutos antes de servir.

Información nutricional por porción: Kcal: 158, Proteínas: 4.7g, Carbohidratos: 47.9g, Grasas: 1.1g

42. Jugo de Pepino y Ciruela

Ingredientes:

1 pepino grande, en rodajas

5 ciruelas grandes, sin carozo

1 taza de moras

1 taza de repollo verde, en trozos

2 onzas de agua

Preparación:

Lavar el pepino y cortarlo en rodajas. Dejar a un lado.

Lavar las ciruelas y cortarlas por la mitad. Remover los carozos y cortar en cuartos. Dejar a un lado.

Lavar las moras bajo agua fría. Colar y dejar a un lado.

Lavar el repollo bajo agua fría. Colar y trozar. Dejar a un lado.

Combinar el pepino, ciruelas, moras y repollo en una juguera, y pulsar. Transferir a un vaso y añadir el agua. Refrigerar 10 minutos antes de servir.

Información nutricional por porción: Kcal: 221, Proteínas: 7.5g, Carbohidratos: 69.1g, Grasas: 2.1g

43. Jugo de Pomelo y Banana

Ingredientes:

1 pomelo entero, sin piel

1 banana grande, sin piel

1 taza de mango, en trozos

1 taza de menta fresca, en trozos

2 frutillas grandes, en trozos

Preparación:

Pelar y dividir el pomelo en gajos. Cortar cada gajo por la mitad y dejar a un lado.

Pelar y trozar la banana. Dejar a un lado.

Pelar y trozar el mango. Rellenar un vaso medidor y reservar el resto en la nevera. Dejar a un lado.

Lavar y trozar la menta. Dejar a un lado.

Lavar las frutillas y remover las hojas. Trozar y dejar a un lado.

Combinar el pomelo, banana, mango, menta y frutillas en

una juguera, y pulsar. Transferir a un vaso y añadir algunos cubos de hielo antes de servir.

Información nutricional por porción: Kcal: 301, Proteínas: 5.9g, Carbohidratos: 88.5g, Grasas: 1.7g

44. Jugo de Lima y Manzana

Ingredientes:

1 lima entera, sin piel

1 manzana Granny Smith pequeña, sin centro

1 taza de apio, en trozos

1 taza de col rizada fresca, en trozos

1 taza de menta fresca, en trozos

Preparación:

Pelar la lima y trozarla. Dejar a un lado.

Lavar la manzana y cortarla por la mitad. Remover el centro y trozar. Dejar a un lado.

Combinar la col rizada y menta en un colador. Lavar bajo agua fría. Colar y trozar. Dejar a un lado.

Lavar el apio y trozarlo. Rellenar un vaso medidor y dejar a un lado.

Combinar la col rizada, menta, apio, lima y manzana en una juguera, y pulsar. Transferir a un vaso y añadir hielo antes de servir.

Información nutricional por porción: Kcal: 121, Proteínas: 5.3g, Carbohidratos: 35.8g, Grasas: 1.3g

OTROS TITULOS DE ESTE AUTOR

70 recetas De Comidas Efectivas Para Prevenir Y Resolver Sus Problemas De Sobrepeso: Queme Calorías Rápido Usando Dietas Apropiadas y Nutrición Inteligente

Por

Joe Correa CSN

48 Recetas De Comidas Para Eliminar El Acné: ¡El Camino Rápido y Natural Para Reparar Sus Problemas de Acné En 10 Días O Menos!

Por

Joe Correa CSN

41 Recetas De Comidas Para Prevenir el Alzheimer: ¡Reduzca El Riesgo de Contraer La Enfermedad de Alzheimer De Forma Natural!

Por

Joe Correa CSN

70 Recetas De Comidas Efectivas Para El Cáncer De Mama: Prevenga Y Combata El Cáncer De Mama Con una Nutrición Inteligente y Alimentos Poderosos

Por

Joe Correa CSN